# Normas para publicações
## da
## UNESP

FUNDAÇÃO EDITORA DA UNESP

*Presidente do Conselho Curador*
Herman Jacobus Cornelis Voorwald

*Diretor-Presidente*
José Castilho Marques Neto

*Editor-Executivo*
Jézio Hernani Bomfim Gutierre

*Assessor Editorial*
Antonio Celso Ferreira

*Conselho Editorial Acadêmico*
Alberto Tsuyoshi Ikeda
Célia Aparecida Ferreira Tolentino
Eda Maria Góes
Elisabeth Criscuolo Urbinati
Ildeberto Muniz de Almeida
Luiz Gonzaga Marchezan
Nilson Ghirardello
Paulo César Corrêa Borges
Sérgio Vicente Motta
Vicente Pleitez

*Editores-Assistentes*
Anderson Nobara
Arlete Zebber
Ligia Cosmo Cantarelli

# Normas para publicações da UNESP

## Volume 3
## Artigo científico

Equipe de realização
João Luís Cardoso Tápias Ceccantini (coord.)
Ana Maria Domingues de Oliveira
Denise Katchuian Dognini
Dida Bessana
Euclides Braga Malheiros
Mariângela Spotti L. Fujita

© 2010 Editora UNESP

Direitos de publicação reservados à:
Fundação Editora da UNESP (FEU)
Praça da Sé, 108
01001-900 – São Paulo – SP
Tel.: (0xx11) 3242-717
Fax: (0xx11) 3242-7172
www.editoraunesp.com.br
www.livrariaunesp.com.br
feu@editora.unesp.br

CIP – Brasil. Catalogação na fonte
Sindicato Nacional dos Editores de Livros, RJ

N766
v.3

    Normas para publicação da UNESP, volume 3: artigo científico. – São Paulo: Editora UNESP, 2010.
    44p.

    ISBN 978-85-393-0029-7

    1. Universidade Estadual Paulista Júlio de Mesquita Filho – Publicações – Normas. 2. Documentação – Normas. 3. Redação técnica – Normas. 4. Publicações científicas – Normas. I. Universidade Estadual Paulista Júlio de Mesquita Filho.

10-1937.                                                                                         CDD: 025.0021881
                                                                                            CDU: 002:004.057.2

Editora afiliada:

Asociación de Editoriales Universitarias
de América Latina y el Caribe

Associação Brasileira de
Editoras Universitárias

# Sumário

Introdução ... 7
1 Apresentação dos elementos do artigo científico ... 9
   1.1 Elementos pré-textuais ... 9
      1.1.1 Título e subtítulo ... 9
      1.1.2 Autores ... 10
      1.1.3 Resumo na língua do texto ... 11
      1.1.4 Palavras-chave na língua do texto ... 12
   1.2 Elementos textuais ... 15
      1.2.1 Introdução ... 15
      1.2.2 Desenvolvimento ... 15
      1.2.3 Conclusão ... 16
   1.3 Elementos pós-texuais ... 17
      1.3.1 Título e subtítulo em língua estrangeira ... 17
      1.3.2 Resumo em língua estrangeira ... 17
      1.3.3 Palavras-chave em língua estrangeira ... 17
      1.3.4 Notas explicativas ... 17
      1.3.5 Referências ... 18
      1.3.6 Glossário ... 19
      1.3.7 Apêndice(s) ... 20
      1.3.8 Anexo(s) ... 21
      1.3.9 Agradecimento(s) ... 23
      1.3.10 Data ... 23
2 Apresentação do artigo científico ... 25
   2.1 Indicativo de seção ... 25
   2.2 Numeração progressiva ... 25
   2.3 Citações ... 25
   2.4 Siglas ... 27
   2.5 Equações e fórmulas ... 27
   2.6 Ilustrações ... 28
   2.7 Tabelas ... 29
   2.8 Quadros ... 30
3 Artigos de revisão ... 31
4 Apresentação material dos originais ... 33
5 Apresentação do artigo científico em área biomédica ... 35
   5.1 Publicação em duplicidade ... 36
      5.1.1 Artigo publicado mais de uma vez ... 36
6 Periódico no todo: elaboração ... 37
   6.1 Página de rosto ... 37
   6.2 Expediente ... 37
   6.3 Errata ... 38
   6.4 Sumário ... 39
   6.5 Artigos científicos ... 39
      6.5.1 Artigos originais ... 39

| | | |
|---|---|---|
| 6.5.2 | Artigos de revisão | 39 |
| 6.5.3 | Artigos especiais | 39 |
| 6.6 | Ensaios | 39 |
| 6.7 | Cartas | 39 |
| 6.8 | Notícias | 40 |
| 6.9 | Suplemento | 40 |
| 6.10 | Separata | 40 |
| 6.11 | Índice de assuntos | 40 |
| 6.12 | Índice de autores | 40 |
| 6.13 | Endereço completo do periódico | 40 |
| 6.14 | Normas para envio de artigo | 40 |
| 6.14.1 | Instruções aos autores sobre a elaboração do artigo | 41 |
| 6.14.2 | Número total de páginas do artigo | 41 |
| 6.14.3 | Instruções sobre a normalização documentária do artigo | 41 |
| 6.14.4 | Apresentação dos critérios para avaliação do artigo | 41 |
| 6.14.5 | Processo de revisão por pares | 41 |
| 7 | Periódico eletrônico | 43 |
| 7.1 | Periódico no todo | 43 |
| 7.2 | Artigo científico eletrônico | 43 |
| 7.2.1 | *Hiper-link* | 43 |
| Referências bibliográficas | | 43 |

# Introdução

O objetivo deste livro é apresentar as normas e os padrões para a publicação de artigos científicos. Oferece-se assim, a toda a comunidade universitária, uma base para a comunicação científica em periódicos impressos.

São sete os itens abordados aqui. O primeiro trata da apresentação dos elementos do artigo científico em suas partes pré-textuais, textuais e pós-textuais. Em seguida, considera-se, entre outros elementos, a inserção de siglas, ilustrações, equações, fórmulas, tabelas e quadros, assim como a maneira adequada para se fazer citações.

Na terceira parte, aparecem as questões relacionadas aos artigos de revisão, entendidos como a sistematização das informações relevantes de um tema em determinada área do conhecimento. A apresentação material dos originais, que segue padronizações diversas de recebimento do artigo de acordo com as normas de cada revista, é discutida na seção quatro.

O artigo científico em área biomédica ganha um capítulo específico, o quinto, em que se trabalha com os requisitos uniformes elaborados pelo International Committee of Medical Journal Editors. No sexto, observa-se a elaboração do periódico em sua totalidade e apresentam-se as regras para páginas de rosto, expediente, errata etc. Por fim, no capítulo sete, abre-se espaço para o periódico eletrônico, englobando, além do texto, imagens, sons e hiper-links.

# 1 Apresentação dos elementos do artigo científico

A estrutura de um artigo em publicação periódica científica impressa de acordo com a ABNT, NBR 6022, deve conter as partes pré-texto, texto e pós-texto, na seguinte ordem:

| Partes | Elementos |
|---|---|
| Pré-texto | Título e subtítulo (obrigatório) <br> Nome dos autores (obrigatório) <br> Resumo na língua do texto (obrigatório) <br> Palavras-chave na língua do texto (obrigatório) |
| Texto | Introdução (obrigatório) <br> Desenvolvimento (obrigatório) <br> Conclusão (obrigatório) |
| Pós-texto | Título e subtítulo em língua estrangeira (obrigatório) <br> Resumo em língua estrangeira (obrigatório) <br> Palavras-chave em língua estrangeira (obrigatório) <br> Nota(s) explicativa(s) <br> Referências (obrigatório) <br> Glossário <br> Apêndice(s) <br> Anexo(s) |

## 1.1 Elementos pré-textuais

Definem-se como elementos pré-textuais os que antecedem o texto e têm função de identificar o documento.

### 1.1.1 Título e subtítulo

No artigo científico o título deve aparecer na página inicial do artigo e ser separado do subtítulo (se houver) por dois pontos (:).

O título e o subtítulo devem ser diferenciados tipograficamente e ser apresentados no idioma do texto.

O título tem a função de evidenciar o conteúdo temático específico do artigo, por isso, deve ser coerente com seu conteúdo.

Quanto à extensão do título, a NBR não limita tamanho; no artigo científico, independentemente da quantidade de palavras do título e subtítulo, é comum serem apresentados por extenso.

No título, os nomes científicos ou quaisquer palavras em língua estrangeira são grafados em itálico. As fórmulas e equações seguem orientações específicas, de acordo com a área do conhecimento, assim como os títulos iniciados por números.

O subtítulo do artigo é apresentado em redondo visando a esclarecer, especificar ou complementar as informações contidas no título.

### 1.1.2 Autores

A autoria do artigo deve compreender nome completo em ordem indireta. Recomenda-se que, sempre que possível, deve-se procurar indicar o nome dos autores por extenso.

*Exemplo*

*Com um autor*

| |
|---|
| Gierus, Martin |
| Santos-Filho, Serafim Barbosa |
| Sant'Anna Jr., G. L. |
| Slemenik-Perše, L. |
| Pessoa Júnior, A. |

*Exemplo*

*Com dois autores*

| |
|---|
| Curi, Roberto Abdallah; Bonassi, Ismael Antonio |
| Zhang, Xu; Zuazua, Enrique |

*Com vários autores*

No artigo científico com vários autores a entrada obedece à ordem de autoria, que pode se dar pelo autor principal, coordenador, colaborador. Observe-se também que a entrada de autoria obedecerá à ordem alfabética. Ressalta-se que, após definir a ordem de autoria, os nomes dos autores devem ser separados por ponto e vírgula.

> Costa, Rosane Rodrigues; Moraes, Jair Campos; Antunes, Cristiana Siqueira; Hernández-Tovar, María Cristina; Baraldi-Artoni, Silvana Martinez; Cattelan, José Wanderley; Oliveira, Daniela

*Autor entidade*

O autor entidade é apontado quando não se especifica uma autoria pessoal responsável pela publicação da obra. Neste caso, a instituição responde pela autoria.

*Exemplo*

> Associação Brasileira de Pós-Graduação em Saúde Coletiva

*Currículo breve dos autores*

A apresentação de currículo breve dos autores, sua titulação na área do conhecimento do artigo, vínculo institucional, endereço postal e eletrônico devem ser indicados por asterisco após os nomes e colocados em nota de rodapé.

*Exemplo*

*Currículo breve*

> Jurema Corrêa da Mota*; Ana Gloria Godoi Vasconcelos**; Simone Gonçalvez de Assis**
> *Departamento de Informações em Saúde, Centro de Informação Científica e Tecnológica, Fundação Oswaldo Cruz. Avenida Brasil, 4.365/Pavilhão Haity Moussatché/225, Manguinhos. 21.040-900. Rio de Janeiro, RJ. jmota@cict.fiocruz.br
> **Departamento de Epidemiologia e Métodos Quantitativos em Saúde, Escola Nacional de Saúde Pública, Fundação Oswaldo Cruz.

## 1.1.3 Resumo na língua do texto

No artigo científico é obrigatória a apresentação de resumo informativo.

O resumo informativo, segundo a NBR 6028 da Associação Brasileira de Normas Técnicas (2003), deve conter objetivos, metodologia, resultados e conclusão. O artigo não precisa ser dividido nessas seções (objetivos, metodologia, resultados e conclusão), mas deve contê-las.

A primeira frase do resumo deve elucidar o tema principal do artigo e, na sequência, informar a categoria da investigação como: estudo de caso, relato de experiência, memória, entre outras.

Quanto à redação, deve ser elaborada na terceira pessoa do singular com o verbo na voz ativa.

O resumo de artigo de periódico deve conter de 100 a 250 palavras.

### 1.1.4 Palavras-chave na língua do texto

As palavras-chave são apresentadas abaixo do resumo, antecedidas pela expressão "Palavras-chave", utilizando-se ponto para separá-las e também para finalizá-las. Devem ser extraídas de um *vocabulário controlado* da área de conhecimento a que o artigo pertence. Caso não localize um vocabulário controlado, recomenda-se consultar uma biblioteca.

> Vocabulário controlado são instrumentos de controle da linguagem científica utilizado pelas bibliotecas como: tesauro, lista de cabeçalho de assunto, entre outros.

*Exemplo*

*Modelo de resumo*

---

**RESUMO**

Os cirurgiões-dentistas e auxiliares de consultório dentário trabalham em condições que favorecem a ocorrência de exposições ocupacionais a material biológico. Os objetivos são: determinar a prevalência de exposições ocupacionais ao longo da vida profissional e no ano anterior a este estudo, identificar as circunstâncias das exposições e verificar se existe relação entre sua ocorrência e o uso de equipamentos de proteção individual. Participaram do estudo 289 dentistas e 104 auxiliares do município de Florianópolis, Santa Catarina, Brasil. Os dados foram coletados por meio de questionário autoaplicável. A prevalência de exposições ocupacionais na vida profissional foi maior entre os dentistas (94,5%) do que entre os auxiliares (80,8%), ao passo que, no ano anterior, foi similar entre dentistas (39,1%) e auxiliares (39,4%). Todavia, considerando as exposições ocorridas no ano anterior, as lesões percutâneas foram mais frequentes nos auxiliares (95,2%) do que nos dentistas (60,7%). O uso constante de óculos de proteção foi estatisticamente associado com menor ocorrência de respingos nos olhos de dentistas (p = 0,004). São recomendadas medidas educativas visando a reduzir a frequência de exposições ocupacionais na população estudada.
**Palavras-chave:** Saúde Ocupacional. Acidentes de Trabalho. Exposição Ocupacional. Recursos Humanos em Odontologia.

# Normas para publicações

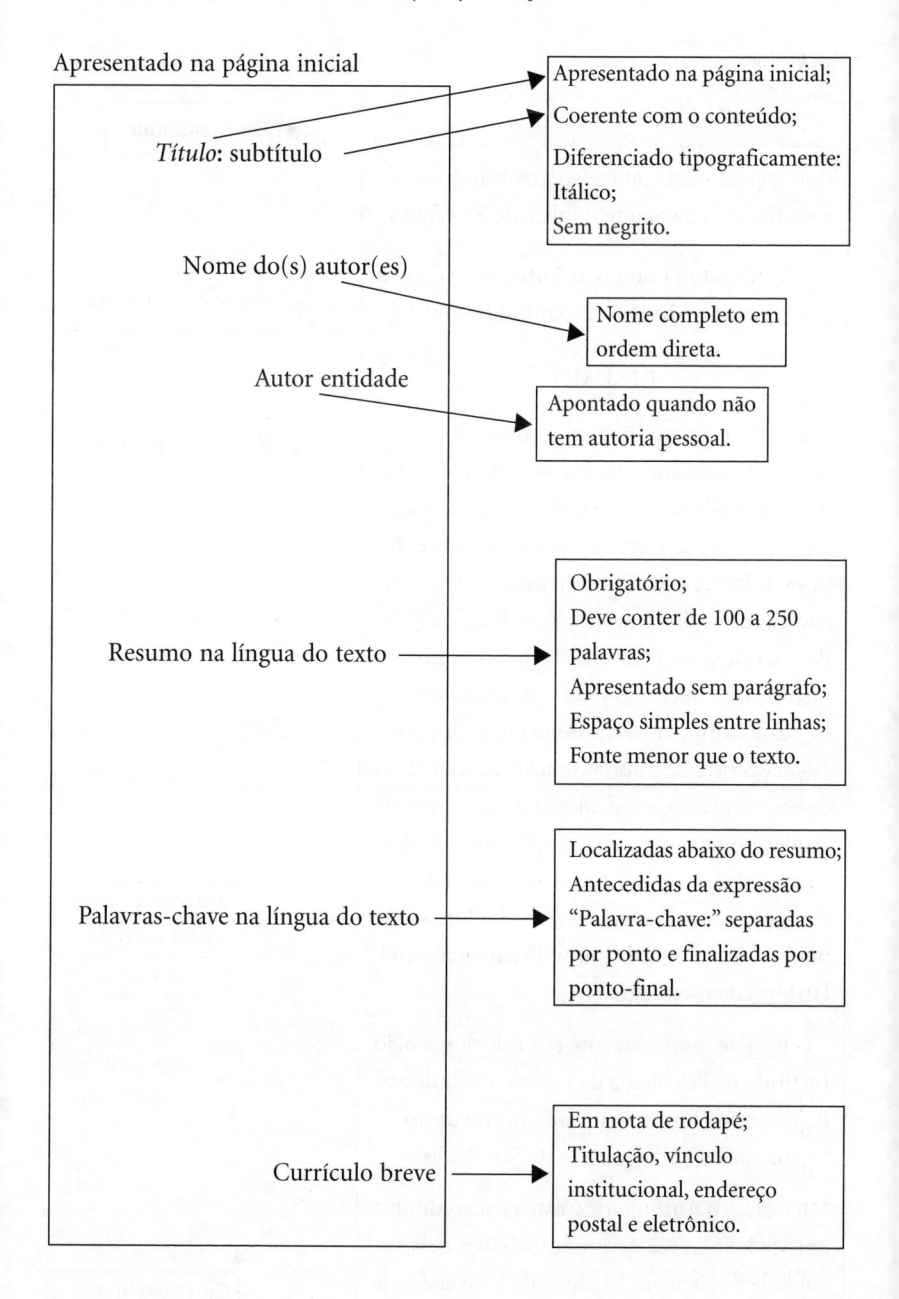

**Apresentado na página inicial**
- *Título*: subtítulo
  - Apresentado na página inicial;
  - Coerente com o conteúdo;
  - Diferenciado tipograficamente: Itálico;
  - Sem negrito.

- Nome do(s) autor(es)
  - Nome completo em ordem direta.

- Autor entidade
  - Apontado quando não tem autoria pessoal.

- Resumo na língua do texto
  - Obrigatório;
  - Deve conter de 100 a 250 palavras;
  - Apresentado sem parágrafo;
  - Espaço simples entre linhas;
  - Fonte menor que o texto.

- Palavras-chave na língua do texto
  - Localizadas abaixo do resumo;
  - Antecedidas da expressão "Palavra-chave:" separadas por ponto e finalizadas por ponto-final.

- Currículo breve
  - Em nota de rodapé;
  - Titulação, vínculo institucional, endereço postal e eletrônico.

*Exemplo*

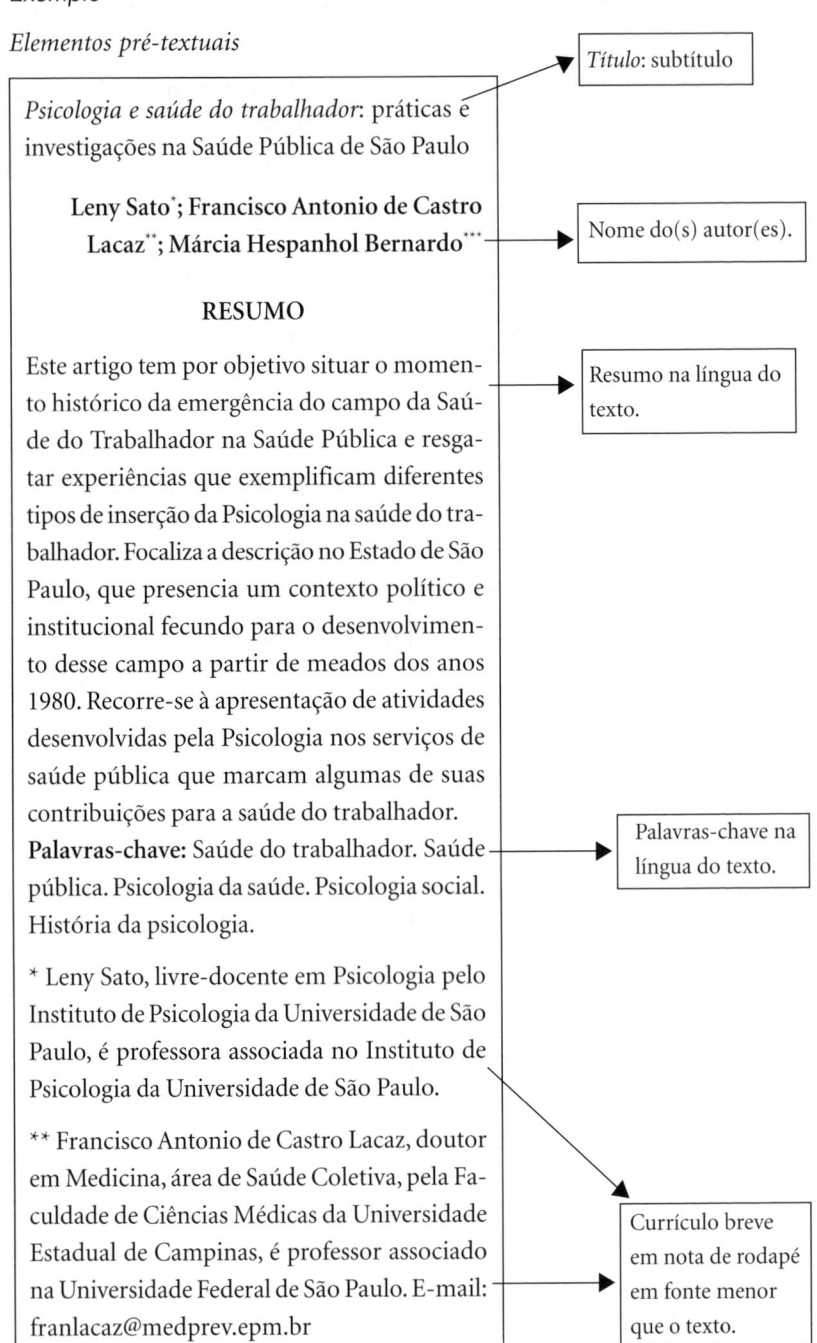

*Elementos pré-textuais*

→ *Título*: subtítulo

*Psicologia e saúde do trabalhador*: práticas e investigações na Saúde Pública de São Paulo

**Leny Sato**[*]; **Francisco Antonio de Castro Lacaz**[**]; **Márcia Hespanhol Bernardo**[***] → Nome do(s) autor(es).

**RESUMO**

Este artigo tem por objetivo situar o momento histórico da emergência do campo da Saúde do Trabalhador na Saúde Pública e resgatar experiências que exemplificam diferentes tipos de inserção da Psicologia na saúde do trabalhador. Focaliza a descrição no Estado de São Paulo, que presencia um contexto político e institucional fecundo para o desenvolvimento desse campo a partir de meados dos anos 1980. Recorre-se à apresentação de atividades desenvolvidas pela Psicologia nos serviços de saúde pública que marcam algumas de suas contribuições para a saúde do trabalhador. → Resumo na língua do texto.

**Palavras-chave:** Saúde do trabalhador. Saúde pública. Psicologia da saúde. Psicologia social. História da psicologia. → Palavras-chave na língua do texto.

[*] Leny Sato, livre-docente em Psicologia pelo Instituto de Psicologia da Universidade de São Paulo, é professora associada no Instituto de Psicologia da Universidade de São Paulo.

[**] Francisco Antonio de Castro Lacaz, doutor em Medicina, área de Saúde Coletiva, pela Faculdade de Ciências Médicas da Universidade Estadual de Campinas, é professor associado na Universidade Federal de São Paulo. E-mail: franlacaz@medprev.epm.br

→ Currículo breve em nota de rodapé em fonte menor que o texto.

*** Marcia Hespanhol Bernardo, doutora em Psicologia Social pela Universidade de São Paulo, é psicóloga no Centro de Referência em Saúde do Trabalhador de Campinas (SP).
E-mail: marciahb@usp.br
**Endereço para correspondência:**
Instituto de Psicologia – USP
Departamento de Psicologia Social e do Trabalho
Av. Prof. Mello Moraes, 1.721;
São Paulo, SP; CEP 05508-000
Tel.: (11) 3091-4184
Fax: (11) 3091-4460

> Currículo breve em nota de rodapé em fonte menor que o texto.

## 1.2 Elementos textuais

Os elementos textuais que compõem o texto no artigo científico são:
– introdução;
– desenvolvimento;
– conclusão.

O artigo deve conter esses elementos, mas não necessita ser dividido nessas seções (introdução, desenvolvimento, conclusão).

### 1.2.1 Introdução

"Parte inicial do artigo, onde devem constar a delimitação do assunto tratado, os objetivos da pesquisa e outros elementos necessários para situar o tema do artigo." (ABNT, 2003, p.4)

### 1.2.2 Desenvolvimento

"Parte principal do artigo, que contém a exposição ordenada e pormenorizada do assunto tratado. Divide-se em seções e subseções, conforme a NBR 6024, que variam em função da abordagem do tema e do método." (ABNT, 2003, p.4)

No desenvolvimento do artigo as seções e subseções dizem respeito ao conteúdo relacionado a material e método(s), resultados e discussão dos resultados.

> No artigo científico é comum as seções de resultados e discussão serem únicas, e representadas pela expressão "Discussão dos resultados".

*Material e método(s)*

Evidencia-se a metodologia adotada na pesquisa. Ressalta-se que em algumas áreas do conhecimento este item é opcional.

*Resultado(s) e discussão*

As seções de resultados e discussão podem ser separadas ou apresentadas em uma única seção, representadas pela expressão "Discussão dos resultados".

### 1.2.3 Conclusão

"Parte final do artigo, na qual se apresentam as conclusões correspondentes aos objetivos e hipóteses." (ABNT, 2003, p.4)

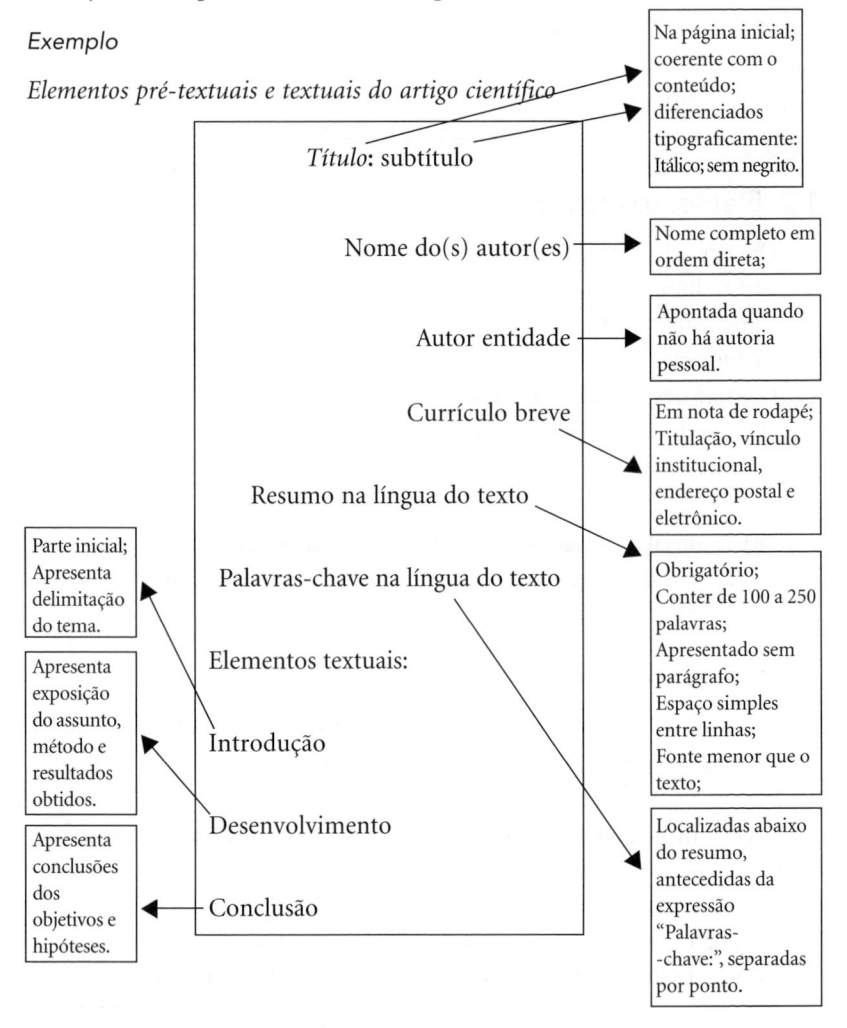

*Exemplo*

*Elementos pré-textuais e textuais do artigo científico* → Na página inicial; coerente com o conteúdo; diferenciados tipograficamente: Itálico; sem negrito.

*Título*: subtítulo

Nome do(s) autor(es) → Nome completo em ordem direta;

Autor entidade → Apontada quando não há autoria pessoal.

Currículo breve → Em nota de rodapé; Titulação, vínculo institucional, endereço postal e eletrônico.

Resumo na língua do texto → Obrigatório; Conter de 100 a 250 palavras; Apresentado sem parágrafo; Espaço simples entre linhas; Fonte menor que o texto;

Palavras-chave na língua do texto → Localizadas abaixo do resumo, antecedidas da expressão "Palavras-chave:", separadas por ponto.

Elementos textuais:

- Parte inicial; Apresenta delimitação do tema. ← Introdução
- Apresenta exposição do assunto, método e resultados obtidos. ← Desenvolvimento
- Apresenta conclusões dos objetivos e hipóteses. ← Conclusão

## 1.3 Elementos pós-textuais

Os elementos pós-textuais do artigo científico são apresentados a seguir.

### 1.3.1 Título e subtítulo em língua estrangeira

O título e o subtítulo (se houver) em língua estrangeira devem ser destacados tipograficamente, separados por dois-pontos (:) e antecedem o resumo em língua estrangeira.

### 1.3.2 Resumo em língua estrangeira

Devem-se apresentar o título e o resumo na língua do texto traduzido para outro idioma, obedecendo-se aos mesmos padrões do resumo em português.
- em inglês: *Abstract*
- em espanhol: *Resumen*
- em francês: *Résumé*
- em alemão: *Zusammenfassung*
- em italiano: *Riassunto*

### 1.3.3 Palavras-chave em língua estrangeira

As palavras-chave são apresentadas no idioma do resumo, logo abaixo dele, antecedidas pela expressão "Palavras-chave:" (no idioma do resumo). Entre as palavras utiliza-se ponto para separá-las e também para finalizar sua indicação.
- em inglês: *Keywords*
- em espanhol: *Palabras claves*
- em francês: *Mots-clés*
- em alemão: *Schlüsselwörter*
- em italiano: *Parole chiave*

### 1.3.4 Notas explicativas

No artigo científico utilizam-se notas explicativas para esclarecimentos, complementações ou observações que não foram incluídas no texto para não interrromper a sequência lógica da leitura.

As notas explicativas são apresentadas no rodapé, de preferência na mesma página do artigo no qual o assunto da nota é mencionado; algumas vezes é necessário que passem a outras páginas.

Devem ser enumeradas em algarismo arábico, em ordem crescente, com espacejamento simples entre linhas e notas e em fonte menor que a utilizada no texto.

Para mais informações sobre notas consultar a Parte 4 – Apresentação de citações, do volume 1 das *Normas para publicações da UNESP*.

> A enumeração das notas deve ser única em todo o trabalho, e não reiniciada a cada página ou capítulo.

*Exemplo de nota*

---
1  A palavra cultura é aqui empregada como "modo de vida" de uma instituição, incluindo seus códigos de conduta, linguagem, rituais e sistema de crenças.

### 1.3.5 Referências

No artigo científico as fontes citadas devem constar no final do texto.

São elementos obrigatórios e referem-se à sistematização da bibliografia consultada e citada no trabalho acadêmico.

Referências devem ser elaboradas conforme os padrões estabelecidos pela Associação Brasileira de Normas Técnicas (ABNT) por meio das NBRs, Norma Vancouver, entre outras.

Para mais informações sobre elaboração de referências ver o volume 1 das *Normas para publicações da UNESP – Referências*.

Apresentamos, a seguir, alguns exemplos de referências:

*Livro*

ROBERT, F. *Os termos filosóficos*. Tradução de Pedro Vidal. Rio de Janeiro: Pub. Europa América, 1990. 2v. (Apontamentos Europa-América). Título original: Les termes philosophiques.

WILLIAMS, E. B. (Ed.). *First Brazilian Grammar*: A Course in Beginner's Portuguese. New York: F.S. Crofts, 1944.

*Periódico*

ANGLE ORTHODONTIST. Apleton: Edward H. Angle Society of Orthodontia, 1931-2001. Bimestral. ISSN 0003-3219.

*Artigo de periódico*

BULHÕES, O. G. Disponibilidade do capital nacional e inversões estrangeiras. *Revista do Conselho Nacional de Economia*, Rio de Janeiro, v.4, n.35, p.63-8, set./out. 1955.

*Tese*

TOMAZ, K. S. *Alternância de vogais médias posteriores em formas nominais de plural no português de Belo Horizonte*. 2006. 165f. Dissertação (Mestrado em Estudos Linguísticos) – Faculdade de Letras, Universidade Federal de Minas Gerais, Belo Horizonte, 2006.

As referências podem ser apresentadas no sistema: autor-data ou numérico. No sistema autor-data, indica-se no corpo do texto, fazendo uso de citação direta – autor, data e páginas; ou citação indireta – autor e data.

No sistema numérico, utilizam-se números arábicos para indicar as fontes citadas, obedecendo à ordem em que aparecem ao longo do texto.

A numeração adotada no texto corresponde à ordem numérica das referências no final do texto, devendo ser utilizada tanto na citação direta como na indireta.

A numeração no texto pode ser apresentada entre parênteses ou sobrescrita após pontuação final da citação, sem uso dos parênteses.

*Exemplos de sistema autor-data*

Neste sistema a ordenação das referências obedece à sequencia alfabética.

BALDUS, H.; WILLEMS, E. *Dicionário de etnologia e sociologia*. São Paulo: Ed. Nacional, 1939.
SKINNER, Quentin. *As fundações do pensamento político moderno*. São Paulo: Companhia das Letras, 1999.

*Exemplos de sistema numérico*

Neste sistema as referências são organizadas em ordem numérica crescente, de acordo com a sequência em que são citadas no artigo científico.

1 REED, S. *Principles of Ceramics Processing*. New York: John Wiley, 1995.
2 VAN VLACK, -L. H. *Propriedades dos materiais cerâmicos*. São Paulo: Edgard Blücher, 1973.

Para informações mais detalhadas sobre a elaboração de referências, consultar o volume 1 desta obra.

## 1.3.6 Glossário

A apresentação de um glossário é opcional. No artigo científico é localizado após as referências e organizado em ordem alfabética.

*Exemplos*

*Brachycephalus ephippium* (Spix) é uma espécie de pequeno porte (cerca de 2 cm) de coloração amarelo-ouro. Apresenta redução de dedos e artelhos e uma placa óssea subcutânea que recobre parte do dorso e cabeça. Pode ser encontrado em grandes concentrações sobre a serrapilheira durante o dia no período reprodutivo. Os ovos são depositados em meio às folhas no solo e o desenvolvimento é direto (IZECKSOHN; CARVALHO-E-SILVA, 2001). Trata-se de um complexo de espécies que está sendo atualmente estudado e deve ser dividido em breve (POMBAL Jr., dados não publicados). A distribuição atual da espécie abrange os estados da Bahia, Espírito Santo, Rio de Janeiro, São Paulo e Paraná (FROST, 2004).

*Brachycephalus hermogenesi*, até recentemente no gênero *Psyllophryne* (KAPLAN, 2002), é uma espécie de rã de pequeno porte, considerada um dos menores vertebrados terrestres (ESTRADA; HEDGES, 1996), com adultos que não chegam a atingir 1 cm. Apresenta redução de dedos e artelhos, o dorso é marrom alaranjado com uma mancha mais escura central em forma de X, o ventre e a lateral do corpo são escuros e os olhos são relativamente grandes, de coloração vermelha. São terrestres e permanecem ativos durante o dia e também à noite. As fêmeas botam um único ovo por vez em meio às folhas e, a julgar pelo tamanho do ovo, o desenvolvimento é direto (GIARETTA; SAWAYA, 1998). A espécie até recentemente era conhecida apenas em áreas de Mata Atlântica da divisa dos estados de São Paulo e Rio de Janeiro, atualmente foi registrada também em áreas do planalto de São Paulo (VERDADE et al., dados não publicados).

## 1.3.7 Apêndice(s)

É um elemento opcional e contém toda a sistematização de dados elaborada pelo autor do trabalho.

O apêndice deve ser enumerado em letras maiúsculas acompanhadas de travessão e do título que o identifica.

*Exemplos*

APÊNDICE A – Organograma da Biblioteca Central
APÊNDICE B – Sinopse do processo de tumorogênese em plantas, incitada por *Agrobacterium tumefaciens*

Quando se utilizarem todas as letras do alfabeto, devem ser repetidas, duplicando-as, sem espaço entre elas.

*Exemplo*

APÊNDICE AA – Serviços de alerta da Biblioteca Central

## 1.3.8 Anexo(s)

O anexo é a cópia de dados já sistematizados por outrem que o autor utilizou em seu trabalho. Deve ser enumerado em letras maiúsculas acompanhadas de travessão e do título que o identifica.

*Exemplos*

ANEXO A – Mapa genômico do Plasmídeo Ti, em que as regiões mais importantes são assinaladas

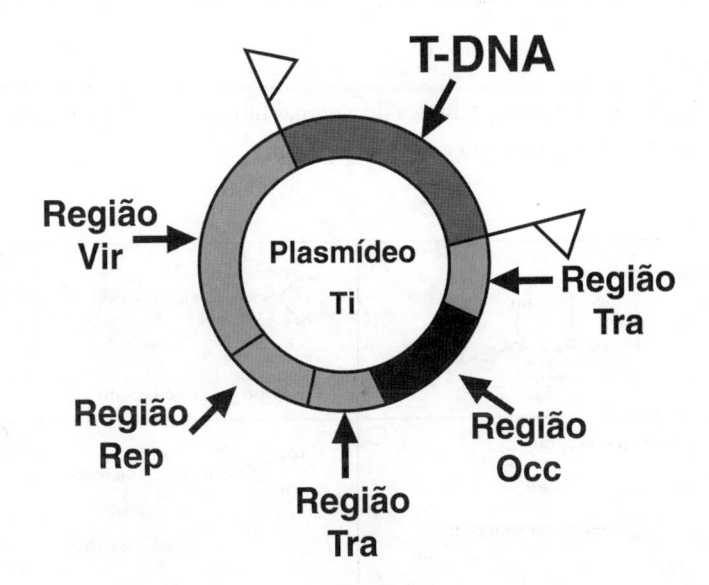

Fonte: ROMEIRO, Reginaldo da Silva; VIEIRA JÚNIOR, José Roberto; BROMMONSCHENKEL, Sérgio Hermínio (2007, p.11).

ANEXO B – Ferimentos e exposição de sítios receptores para *Agrobacterium tumefaciens* na parede celular da planta hospedeira

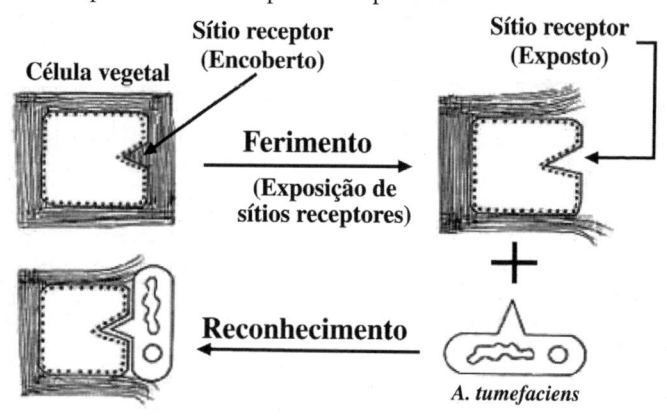

Fonte: ROMEIRO, Reginaldo da Silva; VIEIRA JÚNIOR, José Roberto; BROMMONSCHENKEL, Sérgio Hermínio (2007, p.11).

Da mesma forma que nos apêndices, quando se utilizarem as 26 letras do alfabeto, elas devem ser repetidas, duplicadas e sem espaço.

*Exemplo*

ANEXO AA – Estrutura química de algumas opinas: (A) = agropina; (B) = octopina; (C) = manopina; (D) = nopalina

Fonte: ROMEIRO, Reginaldo da Silva; VIEIRA JÚNIOR, José Roberto; BROMMONSCHENKEL, Sérgio Hermínio (2007, p.12).

## 1.3.9 Agradecimento(s)

A apresentação de agradecimentos dos autores é opcional e deve ser indicada no final dos elementos pós-textuais.

## 1.3.10 Data

No final do artigo devem constar dia, mês e ano em que o trabalho foi enviado e aceito pela revista. Essa informação normalmente é comunicada ao autor por escrito pelo corpo editorial do periódico.

*Exemplo*

Recebido em: setembro 2006
Aprovado para publicação em: outubro 2006

*Exemplo de elementos pós-textuais*

**Título:** subtítulo em língua estrangeira
- Apresentados no final do artigo após a conclusão;
- Diferenciados tipograficamente:
- Negrito;
- Sem negrito.

Resumo em língua estrangeira
- Obrigatório;
- Conter de 100 a 250 palavras;
- Apresentação sem parágrafo;
- Espaço simples entre linhas;
- Fonte menor que o texto.

Palavras-chave na língua do resumo
- Localizadas abaixo do resumo no mesmo idioma;
- Antecedidas da expressão "Palavras-chave:", separadas por ponto e terminadas por ponto-final.

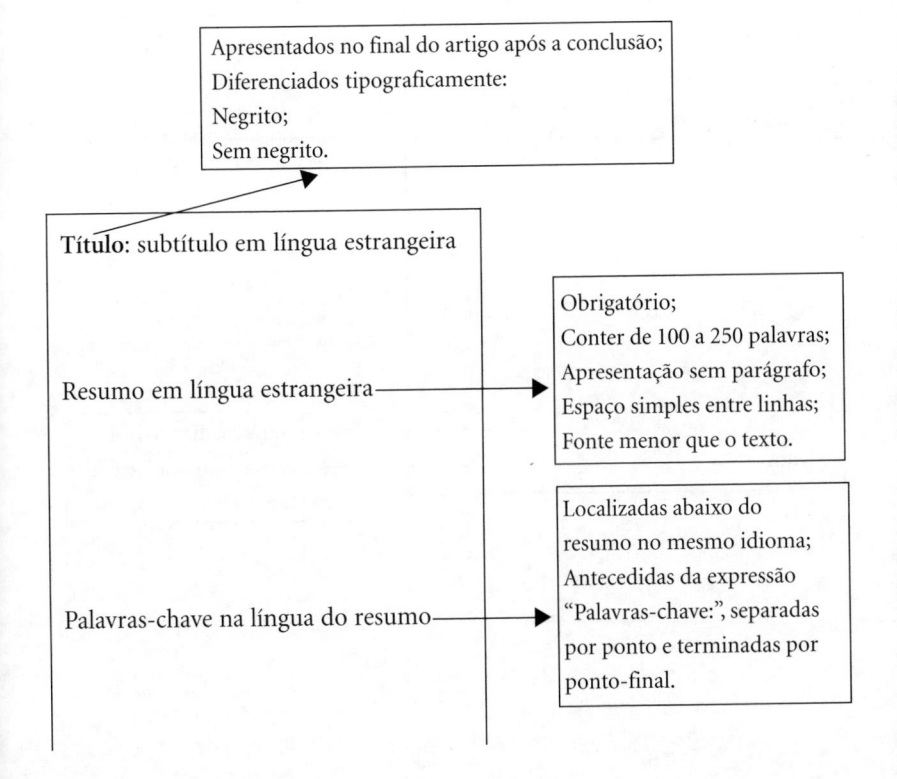

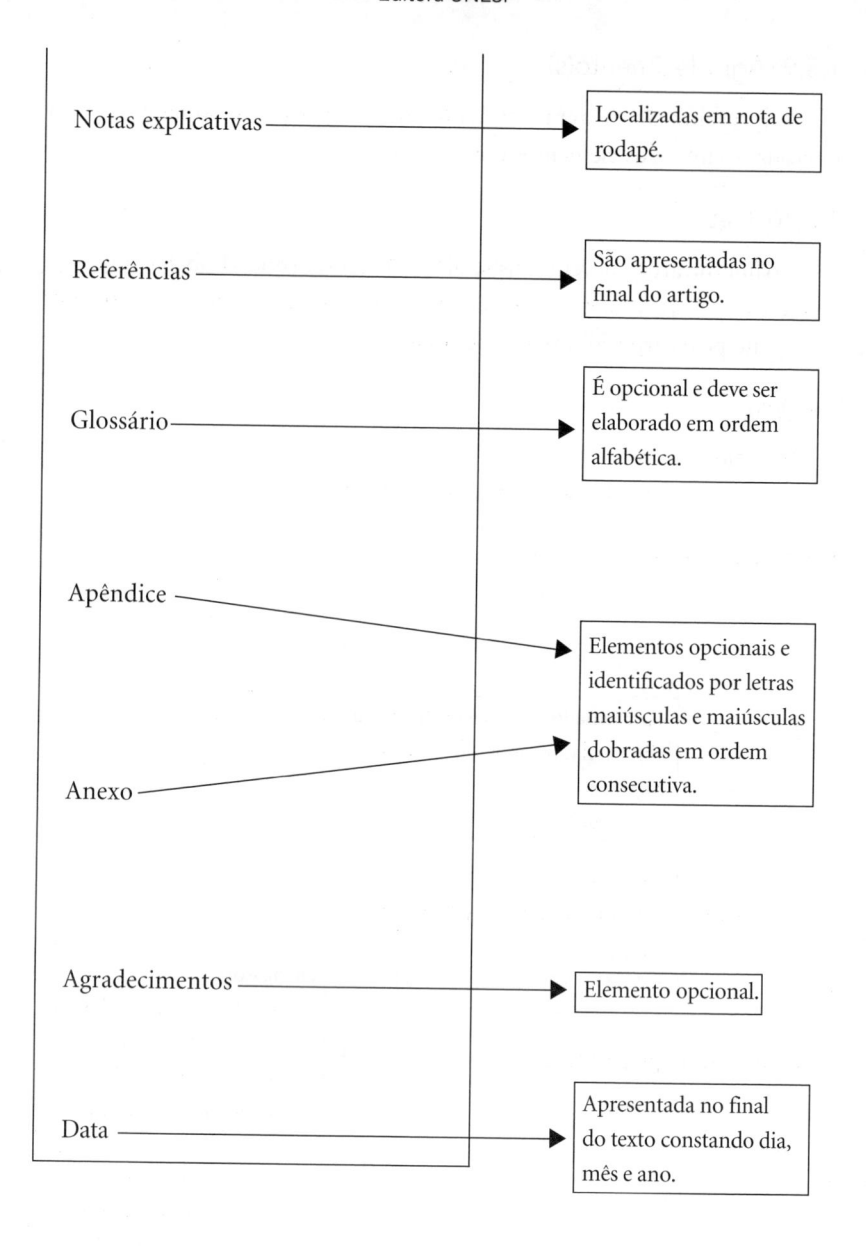

| | |
|---|---|
| Notas explicativas | Localizadas em nota de rodapé. |
| Referências | São apresentadas no final do artigo. |
| Glossário | É opcional e deve ser elaborado em ordem alfabética. |
| Apêndice | Elementos opcionais e identificados por letras maiúsculas e maiúsculas dobradas em ordem consecutiva. |
| Anexo | |
| Agradecimentos | Elemento opcional. |
| Data | Apresentada no final do texto constando dia, mês e ano. |

# 2 Apresentação do artigo científico

## 2.1 Indicativo de seção

As seções são ordenadas por numeração progressiva de acordo com a NBR 6024. No texto, o número que divide a seção precede seu título e deve ser alinhado à margem esquerda. O espaço entre o título da seção e a sua indicação numérica é de um caractere.

## 2.2 Numeração progressiva

No artigo científico pode-se utilizar a numeração progressiva nas seções do trabalho para sistematizar o conteúdo.

Os títulos das seções primárias devem ser apresentados em folha distinta e destacados em negrito, itálico ou grifo e redondo, caixa-alta ou versal, entre outros.

A numeração progressiva das seções do texto deve ser apresentada conforme NBR 6024.

*Exemplo*

---

1 INTRODUÇÃO
2 A INTERNET
2.1 Evolução histórica da internet
2.2 A evolução da internet no Brasil
2.3 Estrutura e componentes da web
3 WEB SEMÂNTICA
3.1 Definições
3.2 Arquitetura da web semântica
3.3 Ontologias na web semântica

---

## 2.3 Citações

No artigo científico o autor utiliza passagens de textos de outros autores. A autoria (fonte) deve sempre ser mencionada tanto na citação direta como na indireta.

Na citação direta, deve-se sempre indicar a página. Mais informações sobre citação estão no volume 1 desta obra.

*Citação direta*

*Exemplos*

> Pode-se afirmar então que o "[...] tipo documental é a configuração que assume uma espécie documental de acordo com as informações nela contidas, determinadas pela atividade que a gerou." (BELLOTTO, 1990, p.4).

Segundo Southwick (2006, p.106), *"documentation of the metadata standards has also been made available for data providers. Training emphasizes the importance of its adoption for interoperability purposes".*

*Citação indireta*

*Exemplos*

Conforme André (2005), o compartilhamento do conhecimento científico pode diminuir as desigualdades presentes em nosso planeta.

Evidencia-se que as pesquisas de McCulloch e Pitts (1943) já nos anos 40 simulavam o modelo computacional comparando-o com o funcionamento das células do cérebro.

*Citação de citação*

*Exemplos*

Segundo Ratter e Dargie (1992), citados por Miranda et al. (2006, p.424),

> [...] no cerrado brasileiro encontramos quinze espécies de vegetação que se encontram bem distribuídas: *Qualea grandiflora, Qualea multiflora, Qualea parviflora, Kielmeyera coriacea, Lafoensia pacari, Roupala montana, Tabebuia ochracea, Tocoyena formosa, Xylopia aromatica, Bowdichia virgilioides, Byrsonima coccobifolia, Caryocar brasiliensis, Connarus suberosus, Curatella americana* e *Hancornia speciosa.*

Conforme Gulland (1976), citado por Walter e Petrere Jr. (2007, p.13), *"in some fisheries, the crew uses a combination of various techniques to catch a target species".*

## 2.4 Siglas

Quando mencionada pela primeira vez, apresenta-se o nome por extenso, seguido da sigla dentro de parênteses. No decorrer do texto pode-se citar apenas a sigla. Na referência, a lista de siglas deve ser feita pelo nome da instituição sempre por extenso, seguido pela sigla que a identifica, entre colchetes.

*Exemplos de sigla no texto*

Logo após a publicação desse texto, o presidente Bill Clinton declarou que a aids era um "problema de segurança" para os Estados Unidos (CABLE NEWS NETWORK, 2000, tradução nossa).

O presidente Bill Clinton declarou na Cable News Network (CNN) (2000, tradução nossa) que a aids era um "problema de segurança" para os Estados Unidos.

*Exemplo de sigla na referência*

*Apresentação da obra consultada na lista de referência*

CABLE NEWS NETWORK [CNN]. Clinton administration declares AIDS a security threat. Apr.30$^{th}$ 2000. Disponível em: http://www.cnn.com/2000/HEALTH/AIDS/04/30/AIDS.threat.03/index.html. Acesso em: 10 maio 2000.

## 2.5 Equações e fórmulas

Quando se utilizarem equações e fórmulas em artigo científico, deve-se destacá-las no texto, numerá-las com algarismo arábico, ou letra, entre parênteses alinhados à margem direita.

Quanto ao espacejamento, pode-se utilizar uma entrelinha maior para melhor visualização de expoentes, índices, entre outros.

*Exemplo*

$$\frac{dL_1}{dt} = \frac{(-\Delta P)}{2CL_1} \quad (A)$$

Após integração,

$$t = \frac{CL_1^2}{(-\Delta P)} \quad (B)$$

Fonte: CATAFESTA, J.; ANDREOLA, R.; PEROTTONI, C. A.; ZORZI, J. E. (2007, p.30).

## 2.6 Ilustrações

Por ilustrações entendem-se desenhos, esquemas, fluxogramas, fotografias, gráficos, mapas, organogramas, plantas, quadros, entre outros.

No texto as ilustrações são enumeradas em algarismos arábicos em ordem crescente, conforme seu aparecimento ao longo do texto.

As legendas das ilustrações devem ser apresentadas na parte inferior da ilustração, antecedidas da palavra que as designe, seguida do número que lhe foi atribuído no texto e do seu título, ou legenda explicativa.

Quando é feita a reprodução de uma ilustração, deve-se citar a fonte de onde foi copiada no respectivo rodapé e indicar a obra original na lista de referências.

É relevante que a localização da ilustração fique próxima do trecho a que se refere.

*Exemplo*

Fonte: CATAFESTA, J.; ANDREOLA, R.; PEROTTONI, C. A.; ZORZI, J. E. (2007, p.33).

## 2.7 Tabelas

No artigo científico o autor pode elaborar tabelas, bem como, citar as de outras publicações.

As tabelas apresentam-se em fonte menor e uniforme, numeradas na parte superior com algarismo arábico em ordem crescente ao longo do texto. Devem trazer um título após o número que a identifica e no rodapé indica-se a fonte (dados de autoria).

Quando é feita a reprodução de uma tabela deve-se citar no rodapé a fonte de onde foi copiada, e indicar a obra original na lista de referências.

No artigo científico podem-se apresentar tabelas com dados sistematizados no corpo do texto ou como anexo.

Segundo o Instituto Brasileiro de Geografia e Estatística (IBGE, 1993) e a Associação Brasileira de Normas Técnicas NBR 14724 (2005, p.3), a tabela é composta por elemento demonstrativo de síntese que constitui unidade autônoma.

> Tabela: é utilizada para sistematizar dados quantitativos e não deve conter grades laterais.

**Table 1.** An algorithm for instance transformation from MatOO to MatOWL

---

**Algorithm.** transform (OntModel $OM$, Object $C$, Individual $I$)

**Input:** the MatOWL ontology model $OM$,
a root class $C$ of MatOO model,
an initial individual $I$

**Output:** the ontology model $OM'$ with populated instances.
1. $Fc$=getAllFieldsFromClass($C$);
2. **for** each $fic$ in $Fc$
3. $pstr$=getOntPropNameFromMappingTable($fic$);
4. **if** pstr!=**null**
5. $p=OM$.getOntProperty(pstr);
6. **for each,**
$fOci\ k$ **in** $fic$
7. **if** $p$.isDatatypeProperty()
8. $I$.addProperty($p$,,
$fOci\ k$ );
9. **else if** $p$.isObjectProperty()
10. $RIp$=CreateRangeIndividual($p$);
11. $I$.addProperty($p, RIp$);
12. transform($OM$,,
$fOci\ k, RIp$);
13. **else** transform($OM, fic, I$);

---

Fonte: ZHANG, Xiaoming; HU, Changjun; LI, Huayu (2009, p.9).

Quando ocupar mais de uma página, orienta-se indicar no rodapé, à margem direita, a palavra "continua", seguida de reticências, e repetir os dados de indicação da fonte.

## 2.8 Quadros

> Quadro: é utilizado para sistematizar dados qualitativos fazendo-se uso de grades laterais.

# 3 Artigos de revisão

O artigo de revisão é a sistematização temática das informações relevantes de determinado assunto, em determinada área do conhecimento.

Segundo a ABNT, artigo de revisão é "parte de uma publicação que resume, analisa e discute informações já publicadas". (ABNT, 2003, p.2).

Quanto à estrutura textual, o artigo de revisão, segue a do artigo científico original.

Em geral, é elaborado por pesquisador experiente na área do artigo, pois esse tipo de publicação exige conhecimento científico sobre o tema.

Tal modalidade de artigo é importante porque proporciona ao pesquisador iniciante o acesso a informações relevantes e confiáveis sobre o assunto investigado em determinada área do conhecimento.

# 4 Apresentação material dos originais

Destaca-se que cada publicação tem sistematizados seus padrões de recebimento de artigo.

Recomenda-se que o autor consulte as instruções e orientações definidas pela revista para a qual almeja enviar seu trabalho.

# 5 Apresentação do artigo científico em área biomédica

Evidenciam-se aqui algumas orientações relevantes para se publicar na área biomédica. Os editores dessa área orientam os autores a padronizar os artigos submetidos à futura publicação aos Requisitos Uniformes elaborados pelo International Committee of Medical Journal Editors [Comitê Internacional de Editores de Jornais Médicos] e também aos requisitos específicos de cada periódico.

## Autoria

Nas publicações biomédicas na maioria das vezes a autoria é compartilhada por diversos pesquisadores.

Segundo os requisitos do Comitê, são reconhecidos como autores os pesquisadores que contribuíram na elaboração do trabalho nos seguintes aspectos:
- concepção e projeto ou análise e interpretação dos dados;
- redação do artigo ou revisão crítica relevante do conteúdo intelectual;
- aprovação final da versão a ser publicada.

Ressalte-se que contribuição na obtenção de fundos para desenvolvimento da pesquisa, coleta de dados ou supervisão de grupos de pesquisa não são justificativas para atribuição de autoria; no entanto, o autor pode mencionar, nos agradecimentos, a contribuição de pessoas que o ajudaram na pesquisa.

## Citação de pacientes que participaram de pesquisas

As revistas podem apresentar nas instruções aos autores quais são os requisitos que comprovam o consentimento dos pacientes.

Segundo os requisitos do Comitê, os pacientes têm direito à privacidade; qualquer elemento que os identifique, como: descrições, fotografias e genealogias, demanda seu consentimento por escrito.

Quando se tratar de informação cuja divulgação é considerada essencial para pesquisa, pode-se publicá-la desde que tenha autorização do paciente, ou dos familiares responsáveis, por escrito.

## Ética

Nas pesquisas em que se fizeram experimentos com seres humanos, deve-se esclarecer se foram obedecidos os critérios éticos da comissão sobre experimentação humana definida pela instituição à qual o autor pertence, ou por órgão de classe ao qual é filiado.

Os critérios éticos, em geral, orientam a não fazer uso de nomes de pacientes, suas iniciais ou número atribuído pelo hospital, e atentar para que esse número não seja reproduzido nas ilustrações da publicação.

Em experimentos com animais deve-se apontar se foram obedecidos os critérios e cuidados definidos para utilização de animais de laboratório.

Outras orientações sobre questões éticas estão disponíveis na tradução da Declaração de Helsinki, no endereço http://www.ufrgs.br/bioetica/helsin1.htm.

Na discussão do artigo devem-se mencionar as limitações na observação de dados, bem como a necessidade de pesquisas futuras que comprovem as reais implicações dos dados identificados.

## 5.1 Publicação em duplicidade

Quando o autor submete um trabalho que pode ser considerado publicação duplicada, no todo ou em partes de publicação semelhante, deve informar o editor, pois, caso o novo artigo seja aceito, a publicação anterior deve ser mencionada e referenciada.

### 5.1.1 Artigo publicado mais de uma vez

Segundo os requisitos elaborados pelo International Committee of Medical Journal Editors (1999, p.8), um artigo pode ser publicado pela segunda vez, no mesmo idioma, ou em outra língua, se obedecer às seguintes condições:

— os autores terem recebido aprovação dos editores de ambas as revistas;
— ser respeitada a prioridade da primeira publicação por um intervalo mínimo de uma semana entre ambas as publicações;
— o artigo para a segunda publicação estar direcionado a um grupo diferente de leitores;
— a segunda versão conter fielmente os dados e as interpretações da primeira;
— a segunda versão apresentar uma nota de rodapé na primeira página informando aos leitores, pesquisadores e centros de documentação que o artigo já foi publicado integralmente ou em partes e apresentar a referência da primeira publicação.

Para publicação na área biomédica recomenda-se consultar os *Requisitos uniformes para manuscritos apresentados a periódicos biomédicos*, elaborados pelo International Committee of Medical Journal Editors. A consulta pode ser feita no endereço: http://www.icmje.org/.

# 6 Periódico no todo: elaboração

## 6.1 Página de rosto

Apresentam-se na página de rosto os elementos essenciais de identificação da obra: instituição responsável, título da publicação periódica e subtítulo, ISSN, legenda bibliográfica, indicação da periodicidade, indexação do periódico em base de dados, originalidade dos artigos, idioma dos artigos, idioma do sumário.

*Solicitação de ISSN*

O ISSN – International Standard Serial Number – é um número internacional padronizado utilizado para identificar as publicações seriadas. É composto de oito dígitos, incluindo um dígito verificador. No Brasil é fornecido e controlado pelo Instituto Brasileiro de Informação em Ciência e Tecnologia – (IBICT). O editor pode obter formulário para solicitação do ISSN na *home page* do Instituto no endereço: http://www.ibict.br ou entrar em contato com o Centro Brasileiro do ISSN, IBICT.

## 6.2 Expediente

– endereçamento – copyright.

– comitê editorial: deve ser composto por pesquisadores de renome na área, pertencentes a várias instituições de ensino no país e no exterior. Os membros do comitê devem possuir capacidade científica, comprovada pelos índices de publicações e citações dos pesquisadores e por terem pesquisas financiadas pelas agências de fomento à pesquisa.

– editor responsável.

– conselho consultivo: formado por consultores que colaboram no fascículo, é um elemento opcional.

– ficha catalográfica: elaborada por bibliotecário, deve conter todos os elementos essenciais para identificação da obra.

*Exemplo*

*Ficha catalográfica*

*Coordenadoria Geral de Bibliotecas – UNESP*

---

Revista ciência em extensão / UNESP – Pró-Reitoria de Extensão Universitária. —
Vol. 1, no. 1 (Jun./Dez. 2004). – São Paulo: UNESP, 2004 -

Semestral. Texto em português e inglês
Vol. 1, no. 1, publicado também *on line*
A partir do Vol. 1, no. 2; publicado somente *on line* em:
http://www.unesp.br/proex
ISSN 1679-4605

1. Ciências humanas – Periódicos. 2. Ciências exatas – Periódicos. 3. Ciências biológicas – Periódicos. I. UNESP – Pró-Reitoria de Extensão Universitária.

---

Fontes de indexação: para indexar uma revista em base de dados, o editor da base obedece aos seguintes critérios:

– análise de citações dos artigos publicados;

– presença dos autores nos últimos quatro números;

– desempenho global da coleção;

– especialização: a revista deve ocupar áreas não atendidas pelos periódicos atuais já publicados;

– citação do periódico em outros da mesma área.

Os editores da revista devem enviar os fascículos publicados no último ano para análise do editor da base.

Submete-se o periódico à indexação somente em base de dados que cobre a área de conhecimento da publicação.

## 6.3 Errata

É utilizada para apontar os erros ortográficos contidos no volume anterior, ou no volume atual da revista.

Na errata aponta-se o erro acompanhado de sua correção, na seguinte ordem: folha e linha (onde ocorreram os erros) seguidas das expressões: "onde se lê, leia-se".

Deve ser apresentada em encarte (lauda correspondente a meia página formato A4), inserido entre capa e página de rosto.

## 6.4 Sumário

É elemento obrigatório, apresentado após a folha de rosto; na falta destas, será colocado após o resumo, de acordo com a NBR 6027: informação e documentação: sumário: apresentação.

No sumário apresenta-se a divisão adotada para organização do trabalho, que pode ser composta de seções e subseções. A apresentação tipográfica dos itens deve ser a mesma do texto e os indicativos das seções e subseções alinhados à esquerda.

## 6.5 Artigos científicos

Um título de periódico pode apresentar vários tipos de artigos, ou ser especializado em uma única tipologia.

Entre as modalidades de artigo destacam-se, segundo Scielo ([2007?]):

### 6.5.1 Artigos originais

Contêm resultados novos de pesquisa experimental ou teórica. Devem incluir introdução, métodos, resultados e discussão.

### 6.5.2 Artigos de revisão

Devem reunir os principais fatos e ideias de determinado tema, buscando achados controvertidos na literatura, e não somente sua descrição pura e simples. Criticar a metodologia e apresentar a própria interpretação das informações.

### 6.5.3 Artigos especiais

São artigos determinados pelos editores, escritos por pesquisadores eminentes.

## 6.6 Ensaios

Devem conter interpretação original de dados e conceitos de domínio público de forma a contribuir criticamente a determinado conhecimento. Não devem exceder 500 palavras.

## 6.7 Cartas

Textos breves e objetivos relativos às publicações. Nos casos de crítica, será dado o direito de resposta. As cartas poderão ter sua forma abreviada.

## 6.8 Notícias

São publicadas notícias de interesse da publicação, com até 100 palavras.

## 6.9 Suplemento

É um número de periódico dedicado a um tema específico, na maioria das vezes relacionado com o tema do volume que o acompanha.

Apresenta número de volume à parte.

## 6.10 Separata

É uma publicação que acompanha a revista, que recebe volume, ou número, e, em geral, é dedicada a um tema específico.

## 6.11 Índice de assuntos

É caracterizado como um índice especial, por abordar um único tipo de informação. Em geral os assuntos são apresentados em ordem alfabética, seguidos pelos números das páginas em que aparecem no texto.

Destaca-se que o índice pode ser organizado por ordem alfabética, sistemática, cronológica, numérica e alfanumérica.

## 6.12 Índice de autores

É também um índice especial, por abordar um único tipo de informação. Neste índice, em geral, os sobrenomes dos autores são apresentados em ordem alfabética, seguidos do prenome e da indicação da página em que aparecem no texto.

Pode também ser organizado por ordem sistemática, cronológica, numérica e alfanumérica.

## 6.13 Endereço completo do periódico

O periódico deve apresentar o endereço para que os leitores contatem a referida revista, discriminando endereços para submissão de artigos, críticas, sugestões, entre outros.

## 6.14 Normas para envio de artigo

O periódico deve trazer as normas sistematizadas pelo corpo editorial para submissão de artigo.

## 6.14.1 Instruções aos autores sobre a elaboração do artigo

As instruções aos autores compõem a carta de apresentação do periódico, a qual deve contemplar:
- missão e objetivos da revista;
- política editorial;
- normas de publicação.

## 6.14.2 Número total de páginas do artigo

Depende das normas de publicação definidas pelos editores.

## 6.14.3 Instruções sobre a normalização documentária do artigo

O periódico deve indicar as normas bibliográficas utilizadas na padronização dos artigos da revista como: NBRs da Associação Brasileira de Normas Técnicas, normas de Vancouver, entre outras.

Para mais informações sobre normas de documentação consulte o volume 1 desta obra.

## 6.14.4 Apresentação dos critérios para avaliação do artigo

O periódico deve trazer explícitos os critérios aos quais serão submetidos os artigos enviados à revista.

## 6.14.5 Processo de revisão por pares

Os revisores ou pareceristas devem ser pesquisadores na área com relevantes índices de publicações científicas e citações.

O fluxo de revisão que engloba o período entre data de recebimento e data de aprovação do artigo deve ser adequado para se fazer uma boa avaliação.

Entretanto, há exceções: pesquisas que trazem grande inovação na área podem demandar a agilização do processo, visando à rápida divulgação.

# 7 Periódico eletrônico

É o periódico em formato eletrônico apresentado de maneira interativa, englobando: imagens, sons e, em muitos casos, *hiper-link*.

## 7.1 Periódico no todo

Obedece aos padrões definidos para o periódico impresso.

## 7.2 Artigo científico eletrônico

Obedece aos padrões definidos para o artigo impresso.

### 7.2.1 *Hiper-link*

É o caminho de acesso do leitor a outros documentos relacionados ao conteúdo do *link*. O *link* é indicado para assuntos cuja apresentação de forma mais completa não tenha sido possível no artigo.

## Referências bibliográficas

ASSOCIAÇÃO BRASILEIRA DE NORMAS TÉCNICAS. *NBR 6022*: artigo em publicação periódica científica impressa: apresentação. Rio de Janeiro, 2003. 5p.

ASSOCIAÇÃO BRASILEIRA DE NORMAS TÉCNICAS. *NBR 6024*: informação e documentação: numeração progressiva das seções de um documento: apresentação. Rio de Janeiro, 2003. 3p.

ASSOCIAÇÃO BRASILEIRA DE NORMAS TÉCNICAS. *NBR 6027*: informação e documentação: sumário: apresentação. Rio de Janeiro, 2003. 2p.

ASSOCIAÇÃO BRASILEIRA DE NORMAS TÉCNICAS. *NBR 14724*: informação e documentação: trabalhos acadêmicos: apresentação. Rio de Janeiro, 2005. 9p.

CATAFESTA, J.; ANDREOLA, R.; PEROTTONI, C. A.; ZORZI, J. E. Colagem de barbotina de aluminas submicrométricas comerciais. *Cerâmica*, São Paulo, v.53, n.325, p.29-34, 2007. ISSN 0366-6913.

DIXO, M.; VERDADE, V. K. Leaf litter herpetofauna of the Reserva Florestal de Morro Grande, Cotia (SP). *Biota Neotropica*, Campinas, v.6, n.2, 2006. Disponível em: http://www.scielo.br/pdf/bn/v6n2/v6n2a08.pdfISSN 1676-0603. Acesso em: 14 maio 2008.

GARCIA, L. P.; BLANK, V. L. G. Prevalência de exposições ocupacionais de cirurgiões-dentistas e auxiliares de consultório dentário a material biológico. *Cadernos de Saúde Pública*, Rio de Janeiro, v.22, n.1, p.97-108, jan. 2006. ISSN 0102-311X.

INSTITUTO BRASILEIRO DE GEOGRAFIA E ESTATÍSTICA. *Normas de apresentação tabular*. 3.ed. Rio de Janeiro, 1993. 61p.

MOTA, J. C.; VASCONCELOS, A. G. G.; ASSIS, S. G. de. Análise de correspondência: um método para classificação de mulheres com perfil semelhante de vitimização. *Cadernos de Saúde Pública*, Rio de janeiro, v.24, n.6, p.1397-1406, 2008.

ROMEIRO, R. da S.; VIEIRA JÚNIOR, J. R.; BROMMONSCHENKEL, S. H. Tumorogênese em plantas causadas por espécies de *Agrobacterium*. *Summa Phytopathologica*, Botucatu, SP, v.33, n.1, p.9-15, 2007. ISSN 0100-5405.

SATO, L.; LACAZ, F. A. C.; BERNARDO, M. H. Psicologia e saúde do trabalhador: práticas e investigações na Saúde Pública de São Paulo. *Estudos de Psicologia*, Natal, v.11, n.3, p.281-8, 2006.

ZHANG, X.; HU, C.; LI, H. Semantic query on materials data based on mapping matml to an owl ontology. *Data Science Journal*, France, p.9, 2009.

SOBRE O LIVRO

*Formato*: 14 x 21 cm
*Mancha*: 26 x 43 picas
*Tipologia*: Minion 10/14
Papel: Offset 75 g/m² (miolo)
Cartão Supremo 250 g/m² (capa)

EQUIPE DE REALIZAÇÃO

*Edição de Texto*
Paula Brandão Perez Mendes (Preparação de original)
Daniele Fátima Oliveira e Gisela Carnicelli (Revisão)

*Capa*
Estúdio Bogari

*Editoração Eletrônica*
Edmílson Gonçalves

Impressão e Acabamento
FARBE DRUCK
gráfica e editora ltda.